AF188102

Impressum
Verlag: BABADADA GmbH, Nedderfeld 112 , 22529 Hamburg
Geschäftsführer / Verlagsleitung: Harald Hof
Druck: Books on Demand GmbH, In de Tarpen 42, 22848 Norderstedt

Imprint
Publisher: BABADADA GmbH, Nedderfeld 112 , 22529 Hamburg, Germany
Managing Director / Publishing direction: Harald Hof
Print: Books on Demand GmbH, In de Tarpen 42, 22848 Norderstedt, Germany

school

школа

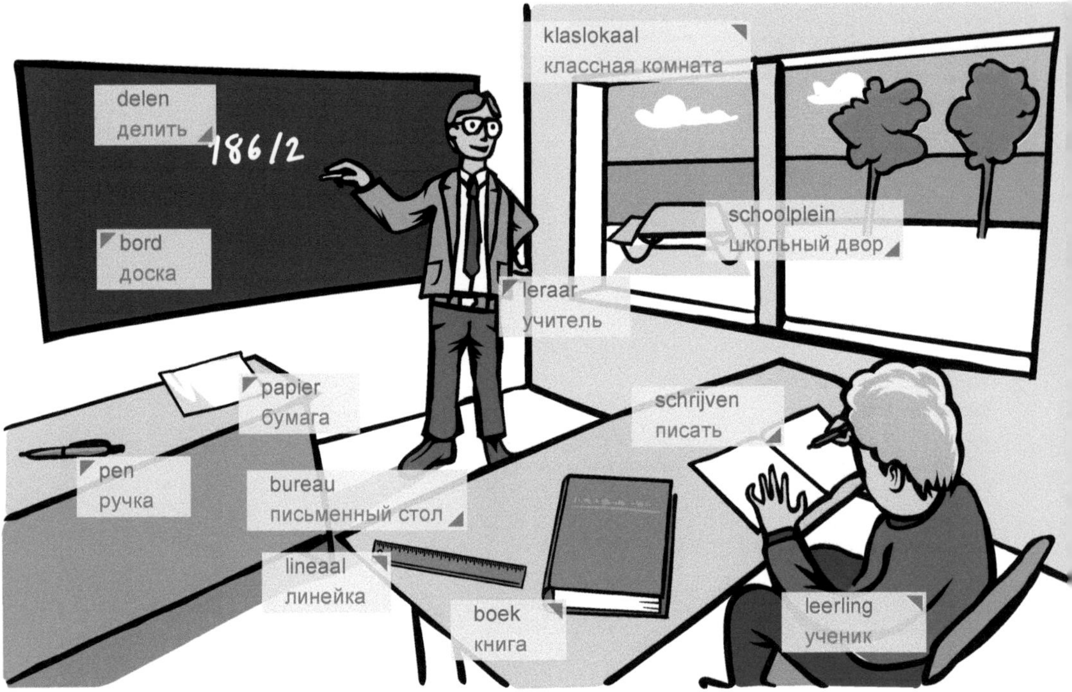

klaslokaal
классная комната
delen
делить
186/2
bord
доска
schoolplein
школьный двор
leraar
учитель
papier
бумага
schrijven
писать
pen
ручка
bureau
письменный стол
lineaal
линейка
boek
книга
leerling
ученик

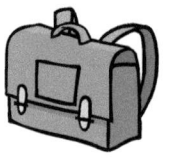

schooltas

ранец

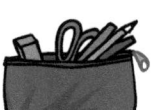

etui

пенал

potlood

карандаш

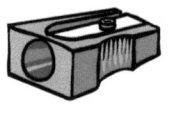

puntenslijper

точилка

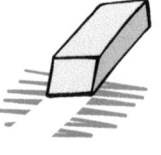

gum

ластик

schetsblok

альбом для рисования

tekening

рисунок

penseel

кисточка

verfdoos

коробка красок

schaar

ножницы

lijm

клей

schrift

тетрадь

huiswerk

домашняя работа

12

getal

цифра

2+2

optellen

прибавлять

5-2

aftrekken

вычитать

2×2

vermenigvuldigen

умножать

rekenen

считать

A

letter

буква

ABCDEFG
HIJKLMN
OPQRSTU
VWXYZ

alfabet

алфавит

woord

слово

tekst

текст

lezen

читать

krijt

мел

les

урок

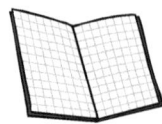

klassenboek

классный журнал

examen

экзамен

diploma

диплом

schooluniform

школьная форма

opleiding

образование

encyclopedie

энциклопедия

universiteit

университет

microscoop

микроскоп

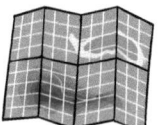

kaart

карта

prullenmand

корзина для бумаг

reis
путешествие

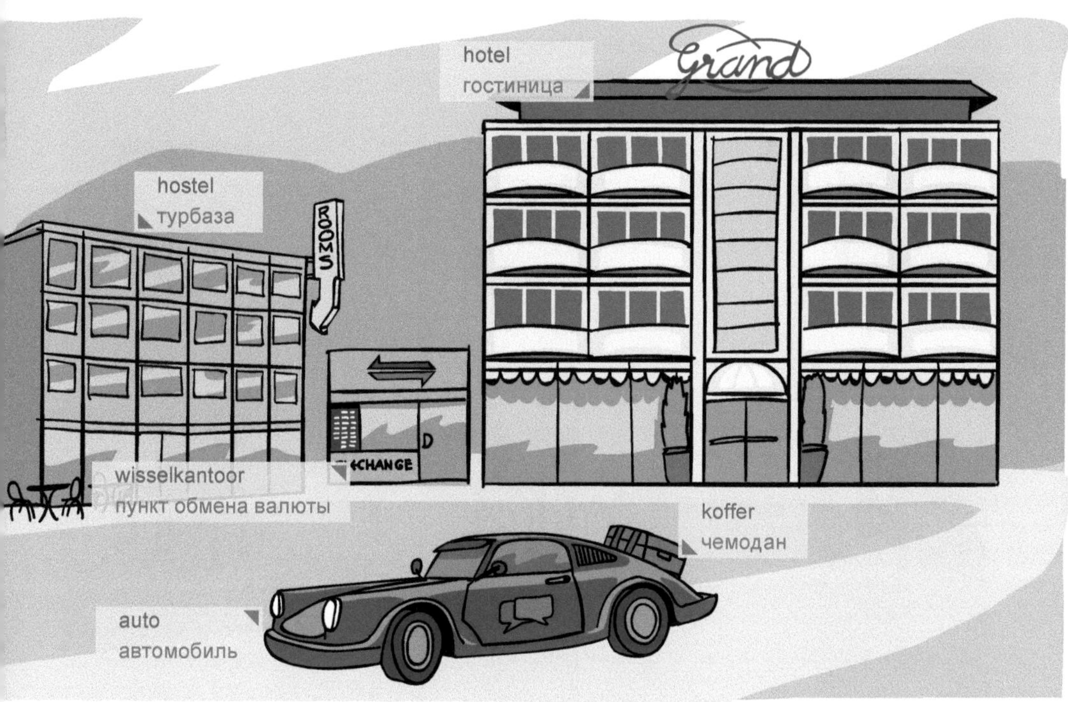
hotel
гостиница
Grand
hostel
турбаза
ROOMS
EXCHANGE
wisselkantoor
пункт обмена валюты
koffer
чемодан
auto
автомобиль

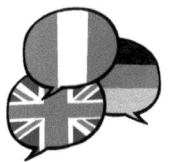

taal

язык

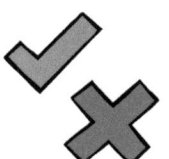

ja / nee

да / нет

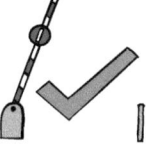

oké

хорошо

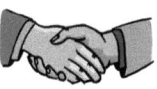

Hallo!

Привет

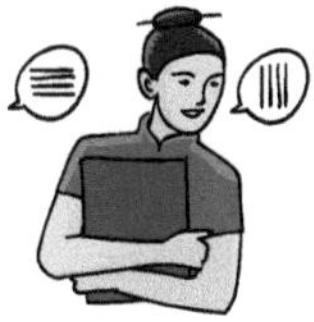

tolk

переводчик

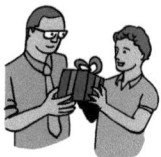

Bedankt.

Спасибо

Wat kost ...?

Сколько стоит…?

Ik begrijp het niet.

Я не понимаю

probleem

проблема

Goedenavond!

Добрый вечер!

Goedemorgen!

Доброе утро!

Goedenacht!

Доброй ночи!

Tot ziens!

До свидания

richting

направление

bagage

багаж

tas

сумка

rugzak

рюкзак

gast

гость

kamer

комната

slaapzak

спальный мешок

tent

палатка

VVV-kantoor

туристическая информация

strand

пляж

creditkaart

кредитная карточка

ontbijt

завтрак

lunch

обед

diner

ужин

kaartje

билет

lift

лифт

postzegel

почтовая марка

grens

граница

douane

таможня

ambassade

посольство

visum

виза

paspoort

паспорт

reis - путешествие

transport
транспорт

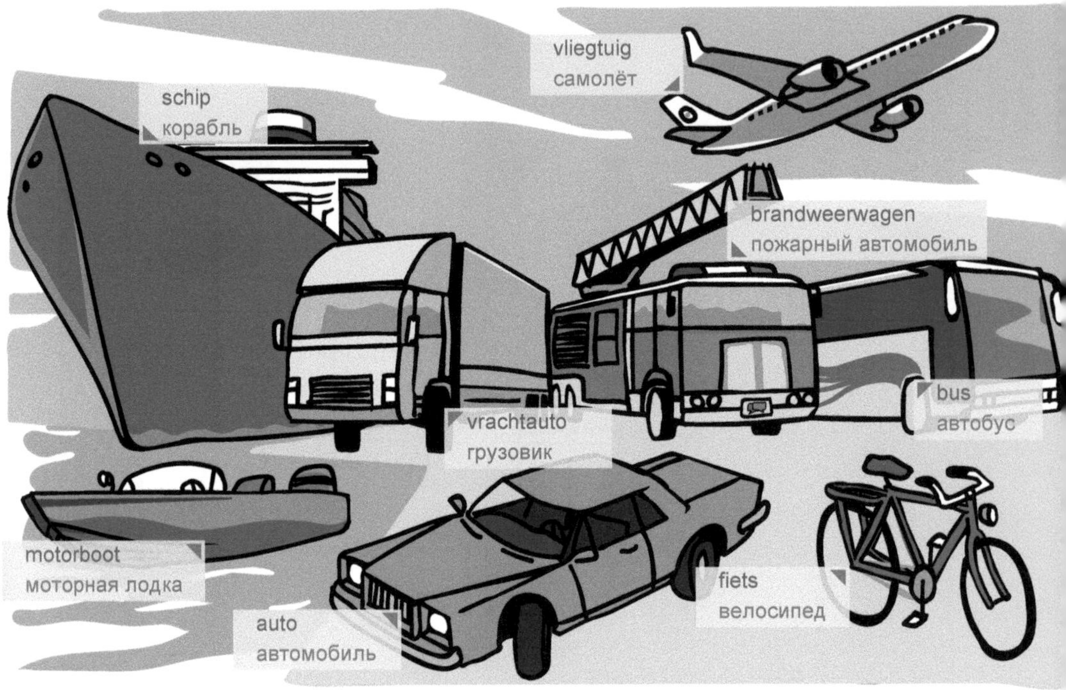
vliegtuig
самолёт
schip
корабль
brandweerwagen
пожарный автомобиль
bus
автобус
vrachtauto
грузовик
motorboot
моторная лодка
fiets
велосипед
auto
автомобиль

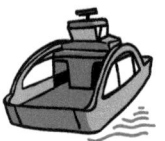

veerboot
паром

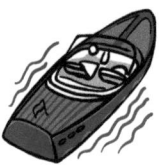

boot
лодка

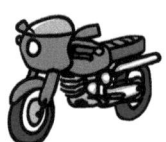

motorfiets
мотоцикл

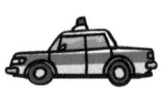

politiewagen
полицейский автомобиль

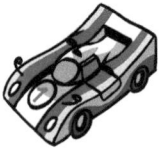

raceauto
гоночный автомобиль

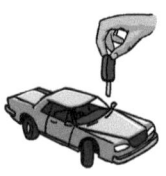

huurauto
арендованный автомобиль

carsharing

совместное пользование
автомобилями

takelwagen

буксировочный
автомобиль

vuilniswagen

мусоровоз

motor

двигатель

benzine

топливо

benzinepomp

заправка

verkeersbord

дорожный знак

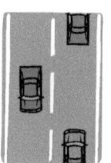

verkeer

движение

file

пробка

parkeerplaats

автостоянка

station

вокзал

rails

рельсы

trein

поезд

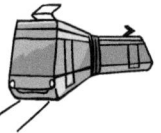

tram

трамвай

wagon

вагон

helikopter

вертолёт

luchthaven

аэропорт

toren

вышка

passagier

пассажир

container

контейнер

verhuisdoos

коробка

kar

тележка

mand

корзина

opstijgen / landen

взлетать / приземляться

stad

город

dorp

деревня

stadscentrum

центр города

huis

дом

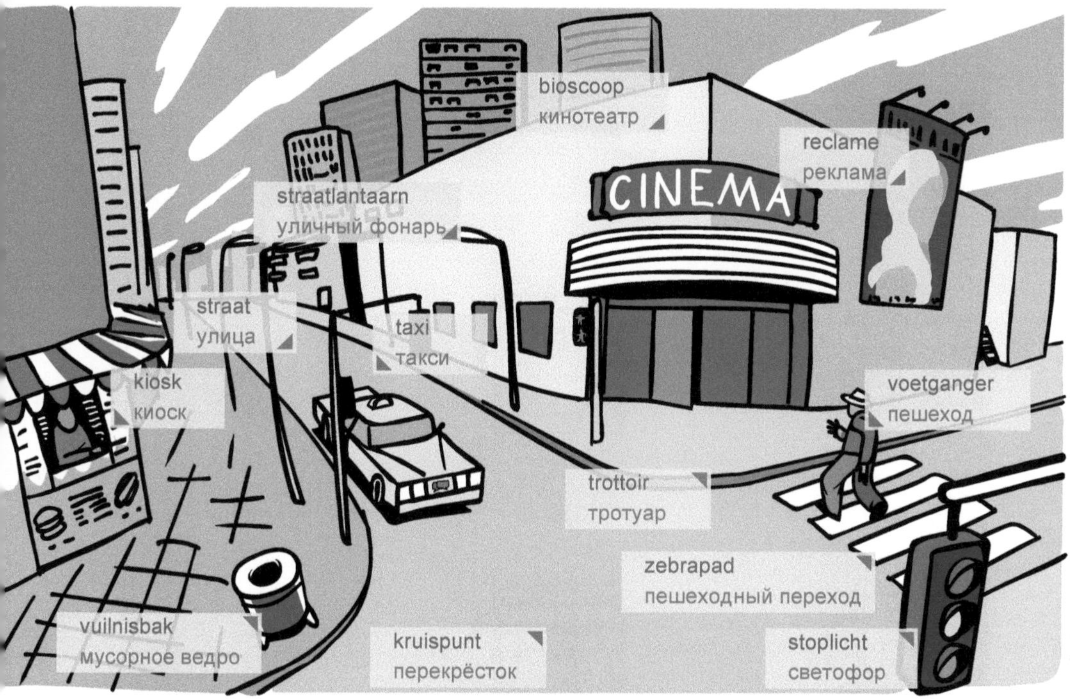

bioscoop
кинотеатр

reclame
реклама

straatlantaarn
уличный фонарь

CINEMA

straat
улица

taxi
такси

kiosk
киоск

voetganger
пешеход

trottoir
тротуар

zebrapad
пешеходный переход

vuilnisbak
мусорное ведро

kruispunt
перекрёсток

stoplicht
светофор

hut

хижина

appartement

квартира

station

вокзал

stadhuis

ратуша

museum

музей

school

школа

universiteit

университет

bank

банк

ziekenhuis

больница

hotel

гостиница

apotheek

аптека

kantoor

офис

boekenwinkel

книжный магазин

winkel

магазин

bloemenwinkel

цветочный магазин

supermarkt

супермаркет

markt

рынок

warenhuis

универмаг

visboer

торговец рыбой

winkelcentrum

торговый центр

haven

порт

park
парк

bank
скамейка

brug
мост

trap
лестница

metro
метро

tunnel
тоннель

bushalte
автобусная остановка

bar
бар

restaurant
ресторан

brievenbus
почтовый ящик

straatnaambord
табличка с названием
улицы

parkeermeter
паркометр

dierentuin
зоопарк

zwembad
бассейн

moskee
мечеть

boerderij

ферма

vervuiling

загрязнение окружающей среды

begraafplaats

кладбище

kerk

церковь

speelplaats

детская площадка

tempel

храм

landschap

ландшафт

blad
лист

wegwijzer
дорожный указатель

weg
дорога

weide
луг

steen
камень

wandelaar
путешественник

boom
дерево

rivier
река

gras
трава

bloem
цветок

vallei

долина

berg

гора

meer

озеро

bos

лес

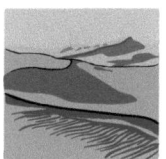

woestijn

пустыня

vulkaan

вулкан

kasteel

замок

regenboog

радуга

paddenstoel

гриб

palmboom

пальма

mug

комар

vlieg

муха

mier

муравей

bij

пчела

spin

паук

landschap - ландшафт

kever

жук

kikker

лягушка

eekhoorn

белка

egel

еж

haas

заяц

uil

сова

vogel

птица

zwaan

лебедь

wild zwijn

кабан

hert

олень

eland

лось

stuwdam

плотина

windmolen

ветряной генератор

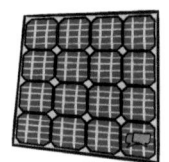

zonnepaneel

солнечная батарея

klimaat

климат

restaurant

ресторан

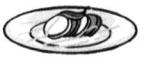

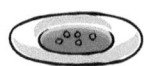

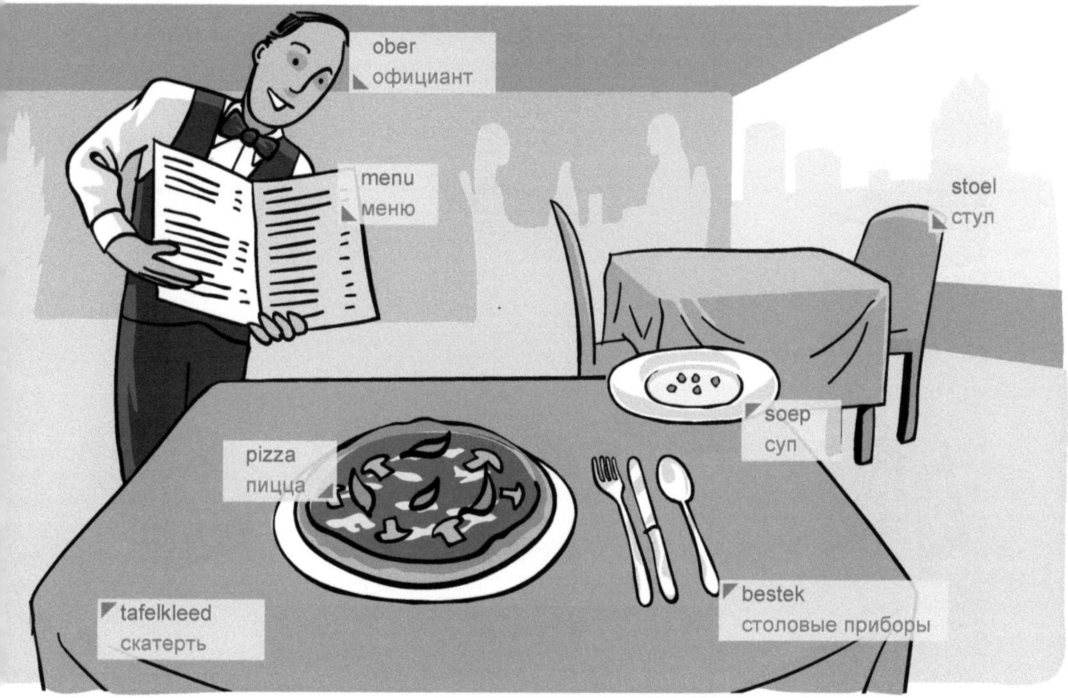
ober
официант
menu
меню
stoel
стул
soep
суп
pizza
пицца
bestek
столовые приборы
tafelkleed
скатерть

voorgerecht

закуска

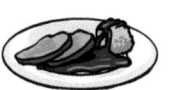

hoofdgerecht

главное блюдо

toetje

десерт

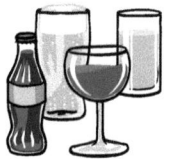

dranken

напитки

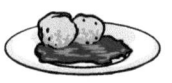

eten

еда

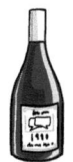

fles

бутылка

fastfood

фастфуд

eetkraampje

уличная еда

theepot

чайник

suikerpot

сахарница

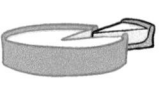

portie

порция

espressomachine

кофеварка

kinderstoel

детский стульчик

rekening

счет

dienblad

поднос

mes

нож

vork

вилка

lepel

ложка

theelepel

чайная ложка

servet

салфетка

glas

стакан

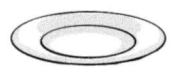

bord

тарелка

soepbord

суповая тарелка

schotel

блюдце

saus

соус

zoutvaatje

солонка

pepermolen

мельница для перца

azijn

уксус

olie

масло

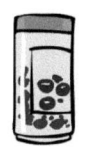

kruiden

специи

ketchup

кетчуп

mosterd

горчица

mayonaise

майонез

supermarkt
супермаркет

aanbieding
специальное предложение
FOR
klant
покупатель
zuivelproducten
молочные продукты
fruit
фрукты
winkelwagen
тележка для покупок

BUTCHERS

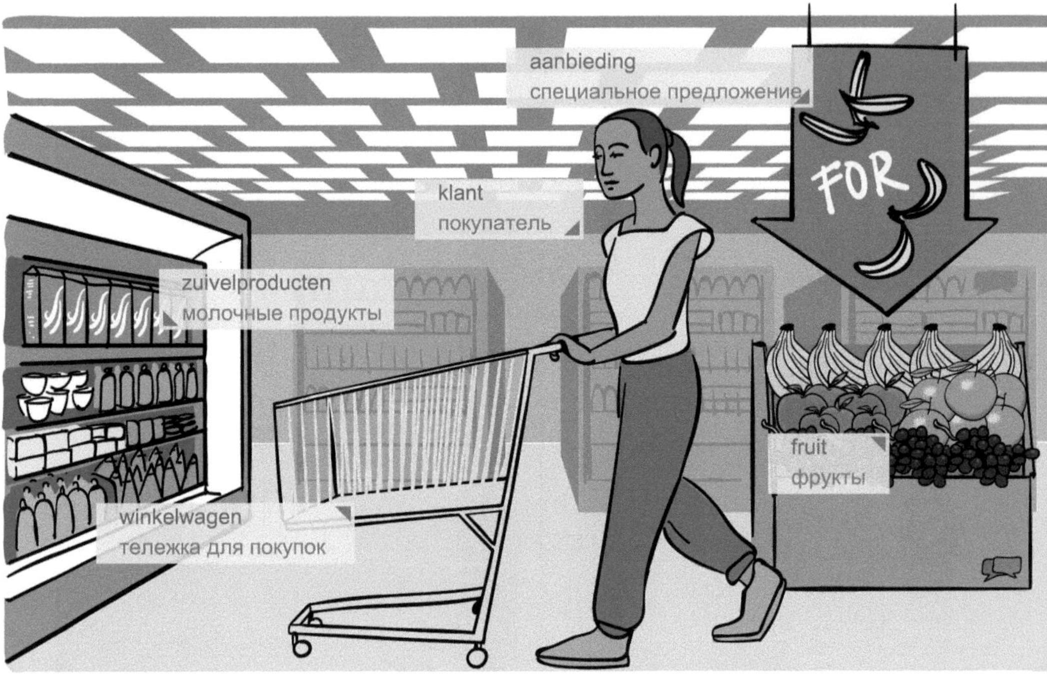

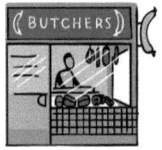

slager

мясной магазин

BAKERY

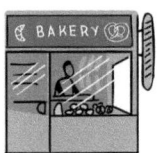

bakkerij

пекарня

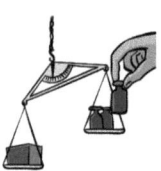

wegen

взвешивать

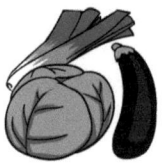

groente

овощи

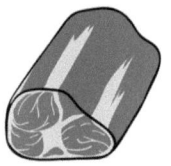

vlees

мясо

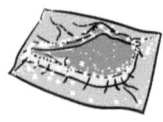

diepvriesproducten

быстрозамороженные продукты

vleeswaren

нарезка

conserven

консервы

wasmiddel

стиральный порошок

snoepgoed

сладости

huishoudelijke artikelen

предмет домашнего
обихода

schoonmaakmiddel

моющее средство

verkoopster

продавщица

kassa

касса

kassier

кассир

boodschappenlijstje

список покупок

openingstijden

время работы

portefeuille

бумажник

creditkaart

кредитная карточка

tas

сумка

plastic zak

полиэтиленовый пакет

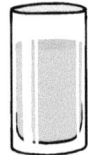

water

вода

sap

сок

melk

молоко

cola

кока-кола

wijn

вино

bier

пиво

alcohol

алкоголь

chocolademelk

какао

thee

чай

koffie

кофе

espresso

эспрессо

cappuccino

капучино

banaan

банан

appel

яблоко

sinaasappel

апельсин

watermeloen

арбуз

citroen

лимон

wortel

морковь

knoflook

чеснок

bamboe

бамбук

ui

лук

paddenstoel

гриб

noten

орехи

pasta

лапша

spaghetti

спагетти

rijst

рис

salade

салат

friet

картофель фри

gebakken aardappelen

жареный картофель

pizza

пицца

hamburger

гамбургер

sandwich

сэндвич

schnitzel

шницель

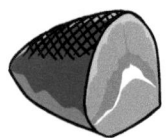

ham

ветчина

salami

салями

worst

колбаса

kip

курица

gebraad

жаркое

vis

рыба

havermout

овсяные хлопья

muesli

мюсли

cornflakes

кукурузные хлопья

meel

мука

croissant

круассан

broodjes

булочка

brood

хлеб

toast

тост

koekjes

печенье

boter

масло

kwark

творог

taart

пирог

ei

яйцо

gebakken ei

яичница

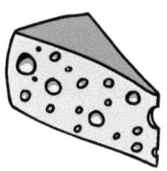

kaas

сыр

ijs

мороженое

suiker

сахар

honing

мёд

jam

мармелад

chocoladepasta

крем с нугой

kerrie

карри

boerderij
ферма

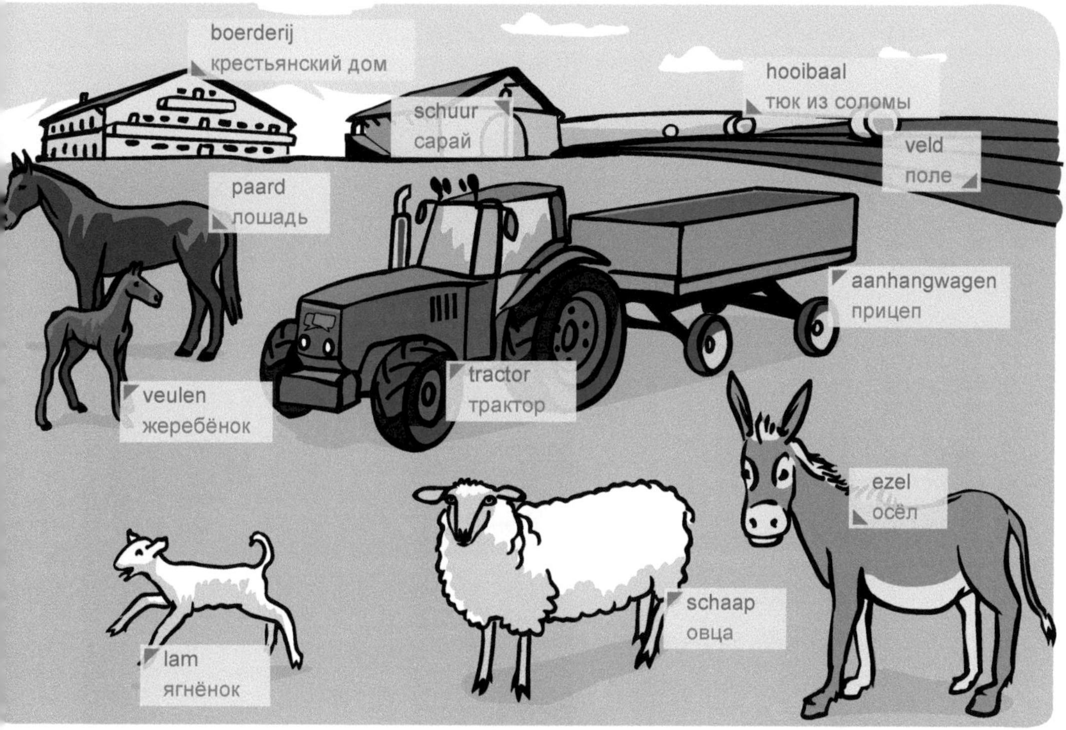
boerderij
крестьянский дом
schuur
сарай
hooibaal
тюк из соломы
veld
поле
paard
лошадь
aanhangwagen
прицеп
tractor
трактор
veulen
жеребёнок
ezel
осёл
schaap
овца
lam
ягнёнок

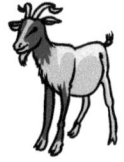

geit
коза

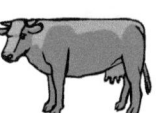

koe
корова

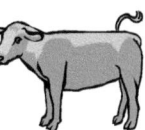

kalf
телёнок

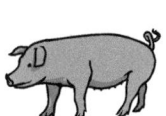

varken
свинья

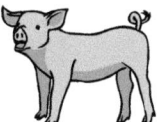

big
поросёнок

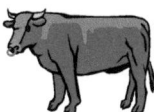

stier
бык

gans

гусь

eend

утка

kuiken

цыплёнок

kip

курица

haan

петух

rat

крыса

kat

кошка

muis

мышь

os

вол

hond

собака

hondenhok

конура

tuinslang

садовый шланг

gieter

лейка

zeis

коса

ploeg

плуг

sikkel

серп

schoffel

мотыга

hooivork

навозные вилы

bijl

топор

kruiwagen

тачка

trog

корыто

melkbus

бидон для молока

zak

мешок

hek

забор

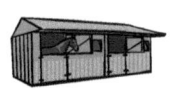

stal

хлев

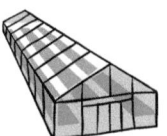

broeikas

теплица

grond

почва

zaad

посев

mest

удобрение

maaidorser

комбайн

oogsten

собирать урожай

oogst

урожай

yam

ямс

tarwe

пшеница

soja

соя

aardappel

картофель

maïs

кукуруза

koolzaad

рапс

fruitboom

фруктовое дерево

maniok

маниок

granen

злаки

huis

дом

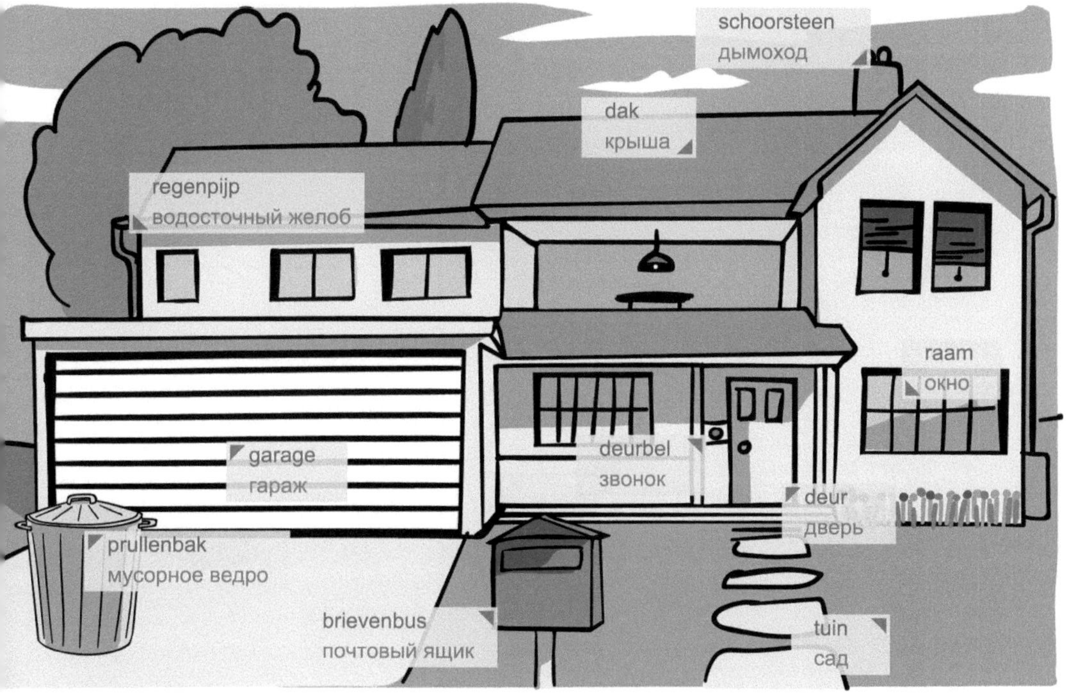

schoorsteen
дымоход
dak
крыша
regenpijp
водосточный желоб
raam
окно
garage
гараж
deurbel
звонок
deur
дверь
prullenbak
мусорное ведро
brievenbus
почтовый ящик
tuin
сад

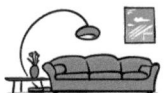

woonkamer

гостиная

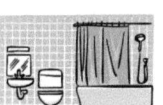

badkamer

ванная комната

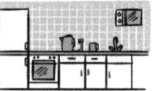

keuken

кухня

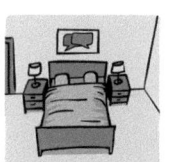

slaapkamer

спальня

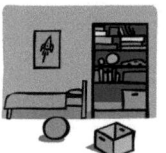

kinderkamer

детская комната

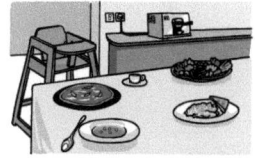

eetkamer

столовая

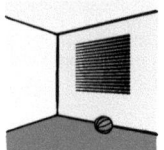

vloer

пол

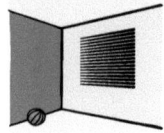

muur

стена

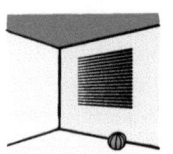

plafond

потолок

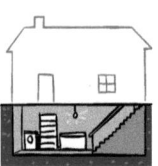

kelder

подвал

sauna

сауна

balkon

балкон

terras

терраса

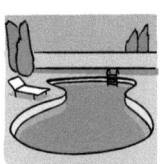

zwembad

бассейн

grasmaaier

газонокосилка

laken

пододеяльник

bedsprei

покрывало

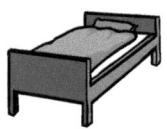

bed

кровать

bezem

метла

emmer

ведро

schakelaar

выключатель

woonkamer

гостиная

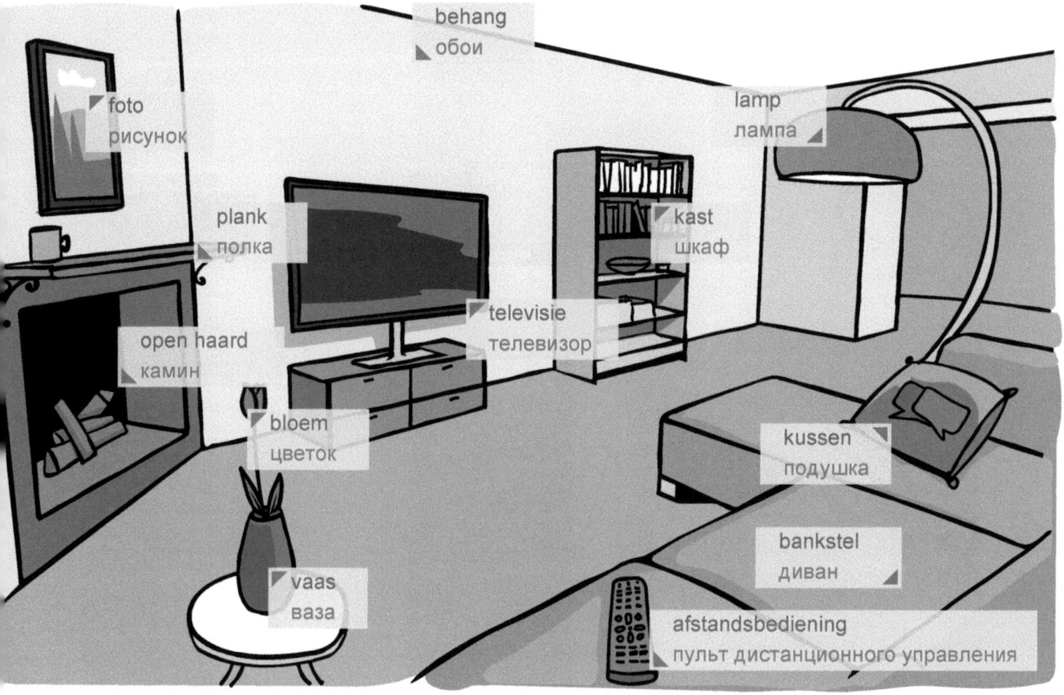
behang
обои
foto
рисунок
lamp
лампа
plank
полка
kast
шкаф
televisie
телевизор
open haard
камин
bloem
цветок
kussen
подушка
bankstel
диван
vaas
ваза
afstandsbediening
пульт дистанционного управления

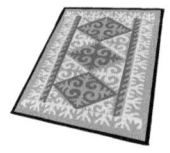

tapijt
ковёр

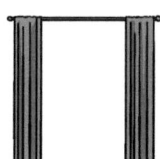

gordijn
штора

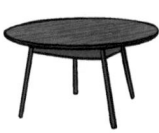

tafel
стол

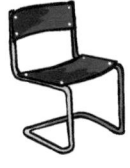

stoel
стул

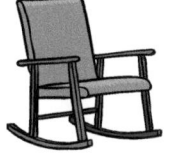

schommelstoel
кресло-качалка

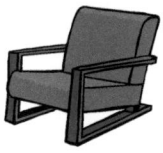

stoel
кресло

boek

книга

deken

покрывало

decoratie

украшение

brandhout

дрова

film

фильм

stereo-installatie

стереосистема

sleutel

ключ

krant

газета

schilderij

картина

poster

плакат

radio

радио

kladblok

блокнот

stofzuiger

пылесос

cactus

кактус

kaars

свеча

keuken
кухня

koelkast
холодильник
magnetron
микроволновая печь
keukenweegschaal
кухонные весы
toaster
тостер
schoonmaakmiddel
моющее средство
oven
духовка
vriesvak
морозилка
prullenbak
мусорное ведро
vaatwasser
посудомоечная машина

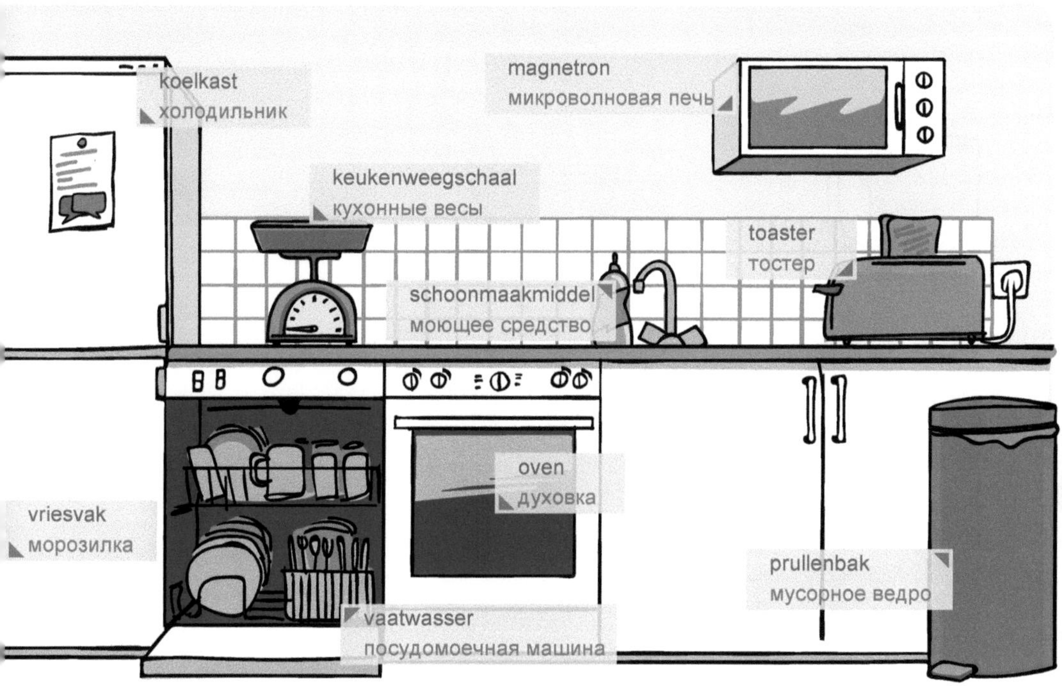

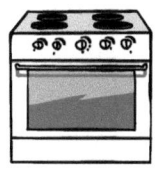

fornuis

плита

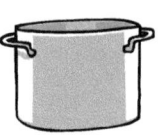

pan

кастрюля

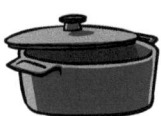

gietijzeren pan

чугунный котелок

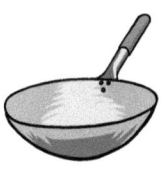

wok / kadai

вок / кадай

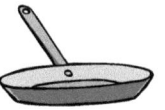

koekenpan

сковорода

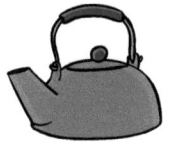

ketel

чайник

stoomkoker

пароварка

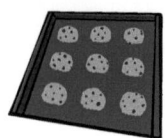

bakplaat

противень

servies

посуда

beker

кружка

kom

миска

eetstokjes

палочки для еды

soeplepel

половник

spatel

лопатка

garde

сбивалка

vergiet

сито

zeef

сито

rasp

тёрка

vijzel

ступка

barbecue

гриль

vuurhaard

костёр

snijplank

доска

deegroller

скалка

kurkentrekker

штопор

blik

жестяная банка

blikopener

консервный нож

pannenlap

прихватка

wasbak

раковина

borstel

щетка

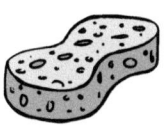

spons

губка

blender

миксер

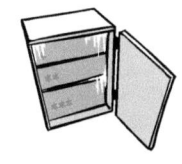

vriezer

морозильная камера

babyflesje

бутылочка для кормления

kraan

кран

badkamer

ванная комната

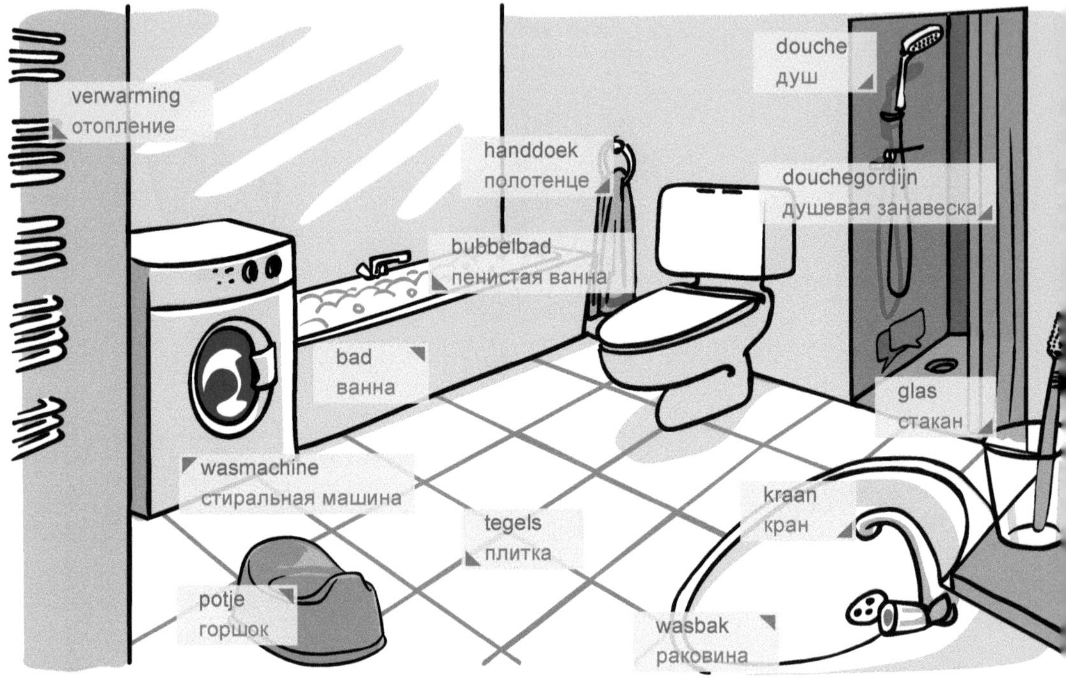

verwarming
отопление
handdoek
полотенце
douche
душ
douchegordijn
душевая занавеска
bubbelbad
пенистая ванна
bad
ванна
glas
стакан
wasmachine
стиральная машина
kraan
кран
tegels
плитка
potje
горшок
wasbak
раковина

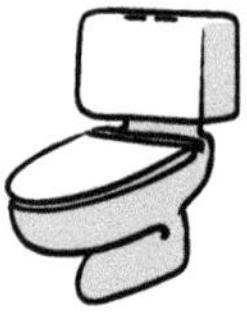

toilet

туалет

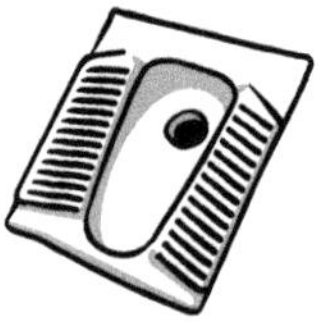

hurktoilet

напольный унитаз

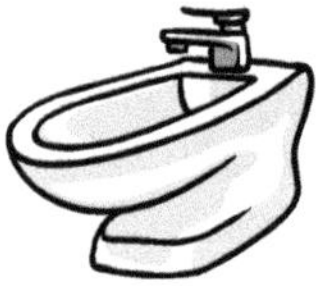

bidet

биде

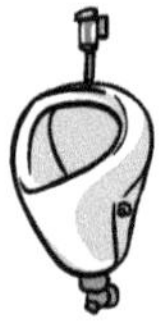

urinoir

писсуар

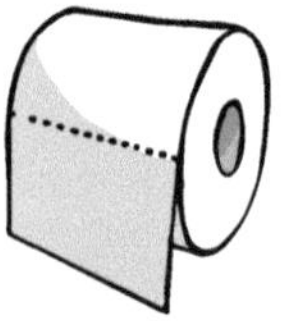

toiletpapier

туалетная бумага

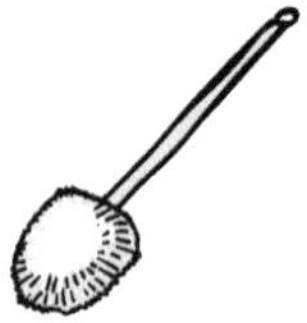

toiletborstel

ершик

tandenborstel

зубная щетка

tandpasta

зубная паста

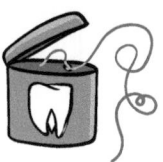

flosdraad

зубная нить

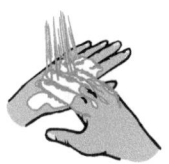

wassen

мыть

handdouche

ручной душ

toiletdouche

интимный душ

waskom

таз

rugborstel

щетка для спины

zeep

мыло

douchegel

гель для душа

shampoo

шампунь

washanje

мочалка

afvoer

сток

creme

крем

deodorant

дезодорант

spiegel

зеркало

make-upspiegel

ручное зеркало

scheermes

бритва

scheerschuim

пена для бритья

aftershave

лосьон после бритья

kam

расческа

borstel

щетка

haardroger

фен

haarspray

лак для волос

make-up

косметика

lippenstift

губная помада

nagellak

лак для ногтей

watten

вата

nagelschaartje

маникюрные ножницы

parfum

духи

toilettas

косметичка

kruk

табуретка

weegschaal

весы

badjas

халат

rubber handschoenen

резиновые перчатки

tampon

тампон

maandverband

гигиеническая прокладка

chemisch toilet

биотуалет

kinderkamer
детская комната

wekker
будильник
knuffeldier
мягкая игрушка
speelgoedauto
игрушечный автомобиль
rammelaar
погремушка
poppenhuis
кукольный домик
cadeau
подарок

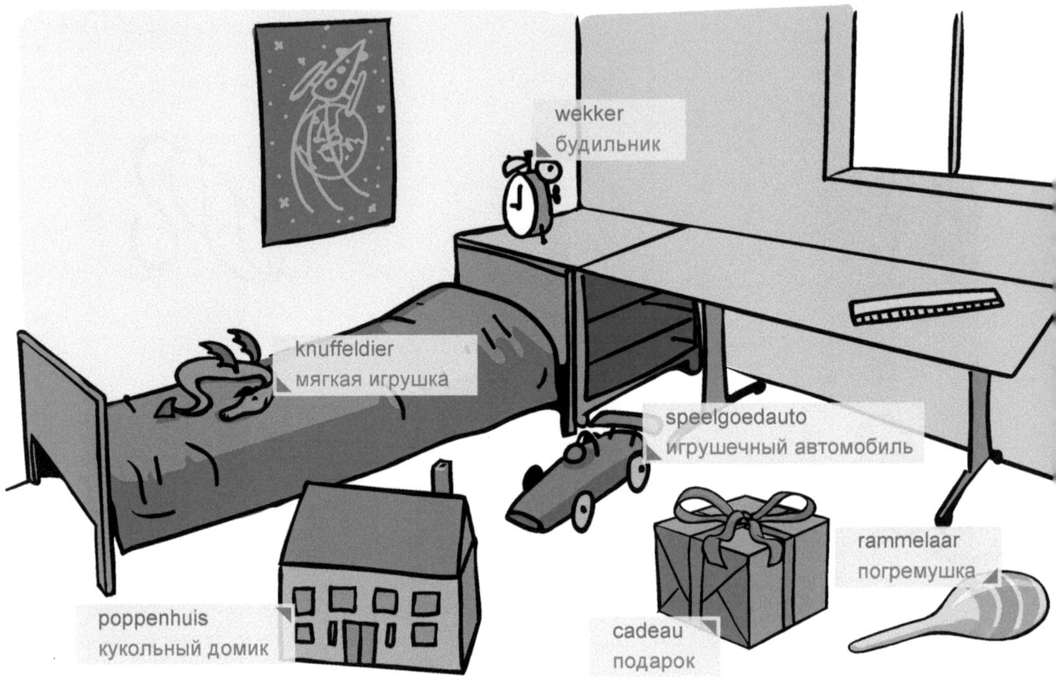

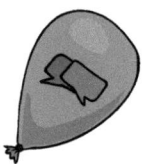

ballon

воздушный шар

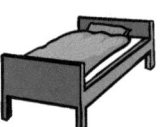

bed

кровать

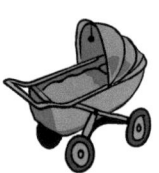

kinderwagen

детская коляска

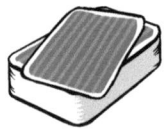

kaartspel

карточная игра

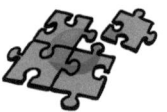

puzzel

пазл

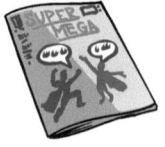

stripverhaal

комикс

legostenen

кирпичики Лего

speelgoedblokken

кубики

actiefiguurtje

игрушечная фигурка

romper

ползунки

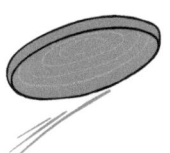

frisbee

фрисби

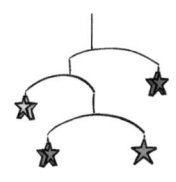

mobile

мобиле

bordspel

настольная игра

dobbelsteen

кубик

modeltrein

модель железной дороги

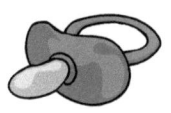

speen

соска

feestje

вечеринка

prentenboek

книга с картинками

bal

мяч

pop

кукла

spelen

играть

zandbak

песочница

schommel

качели

speelgoed

игрушка

spelcomputer

игровая приставка

driewieler

трёхколесный велосипед

teddybeer

плюшевый медвежонок

kleerkast

шкаф для одежды

kleding

одежда

sokken

носки

kousen

чулки

panty

колготки

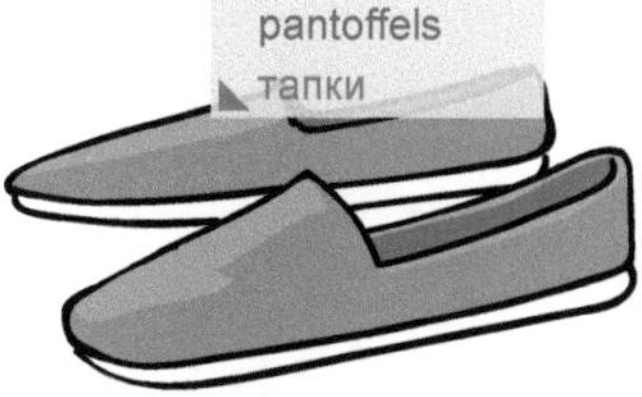

sjaal
шарф

paraplu
зонтик

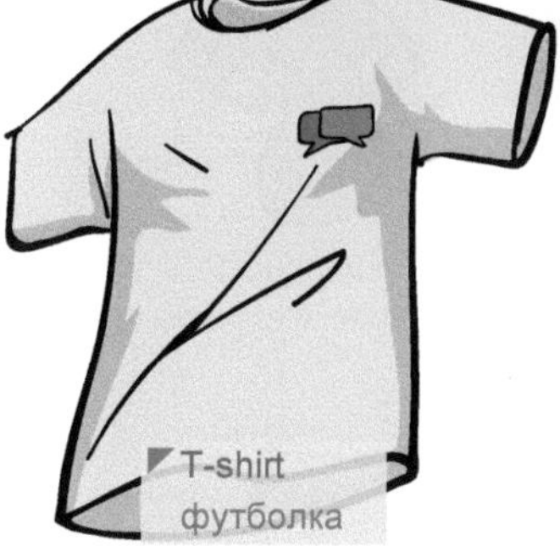

T-shirt
футболка

riem
ремень

laarzen
сапоги

pantoffels
тапки

sportschoenen
кроссовки

sandalen
·············
сандалии

schoenen
·············
ботинки

rubberlaarzen
·············
резиновые сапоги

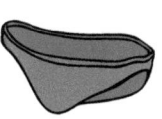

onderbroek
·············
трусы

beha
·············
бюстгальтер

onderhemd
·············
майка

body

боди

broek

брюки

spijkerbroek

джинсы

rok

юбка

blouse

блузка

overhemd

рубашка

trui

свитер

hoody

свитер

blazer

спортивная куртка

jas

жакет

mantel

пальто

regenjas

плащ

kostuum

костюм

jurk

платье

trouwjurk

свадебное платье

pak

мужской костюм

nachthemd

ночная сорочка

pyjama

пижама

sari

сари

hoofddoek

платок

tulband

тюрбан

boerka

паранджа

kaftan

кафтан

abaja

абайя

zwempak

купальник

zwembroek

плавки

korte broek

шорты

trainingspak

спортивный костюм

schort

фартук

handschoenen

перчатки

knoop

пуговица

bril

очки

armband

браслет

ketting

цепочка

ring

кольцо

oorbel

серьга

pet

шапка

kledinghanger

вешалка

hoed

шляпа

stropdas

галстук

rits

застежка молния

helm

шлем

bretels

подтяжки

schooluniform

школьная форма

uniform

форма

slabbetje

детский нагрудник

speen

соска

luier

подгузник

kantoor

офис

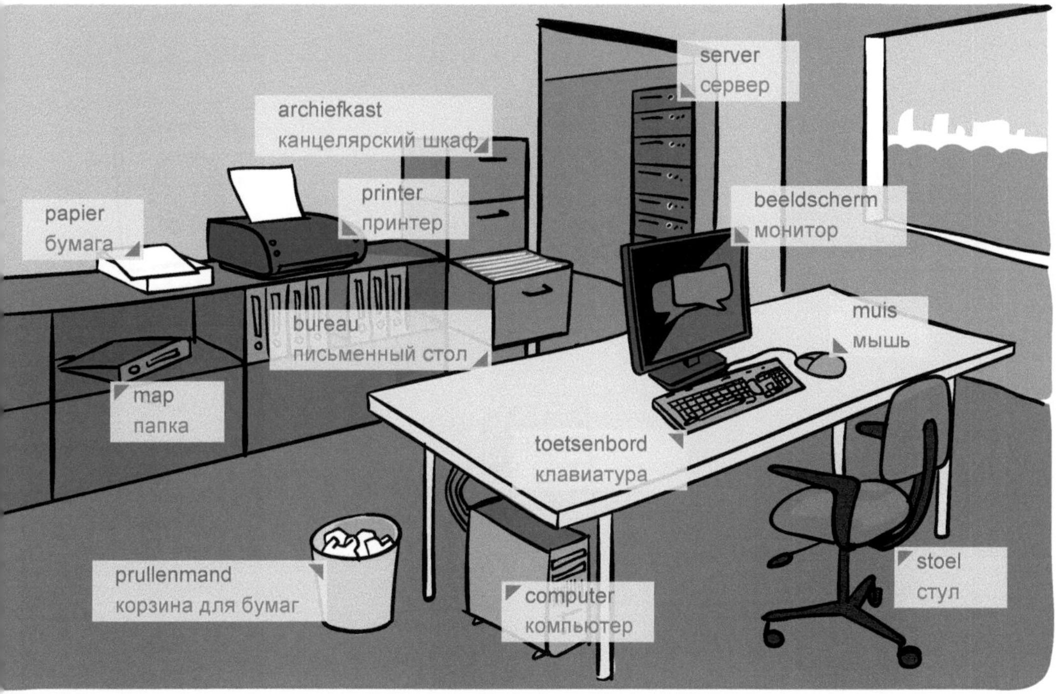

server
сервер

archiefkast
канцелярский шкаф

printer
принтер

papier
бумага

beeldscherm
монитор

bureau
письменный стол

muis
мышь

map
папка

toetsenbord
клавиатура

prullenmand
корзина для бумаг

stoel
стул

computer
компьютер

koffiemok

кофейная кружка

rekenmachine

калькулятор

internet

интернет

laptop

ноутбук

brief

письмо

bericht

сообщение

mobiele telefoon

мобильный телефон

netwerk

сеть

kopieermachine

ксерокс

software

программа

telefoon

телефон

stopcontact

розетка

fax

факс

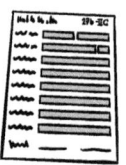

formulier

формуляр

document

документ

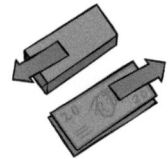

kopen

покупать

betalen

платить

handel drijven

торговать

geld

деньги

dollar

доллар

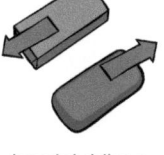

euro

евро

yen

иена

roebel

рубль

Zwitserse frank

франк

renminbi yuan

жэньминьби юань

roepie

рупия

geldautomaat

банкомат

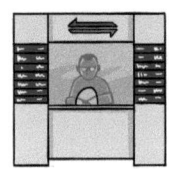

wisselkantoor

пункт обмена валюты

goud

золото

zilver

серебро

olie

нефть

energie

энергия

prijs

цена

contract

договор

belasting

налог

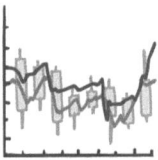

aandeel

акция

werken

работать

werknemer

служащий

werkgever

работодатель

fabriek

фабрика

winkel

магазин

economie - экономика

beroepen
профессии

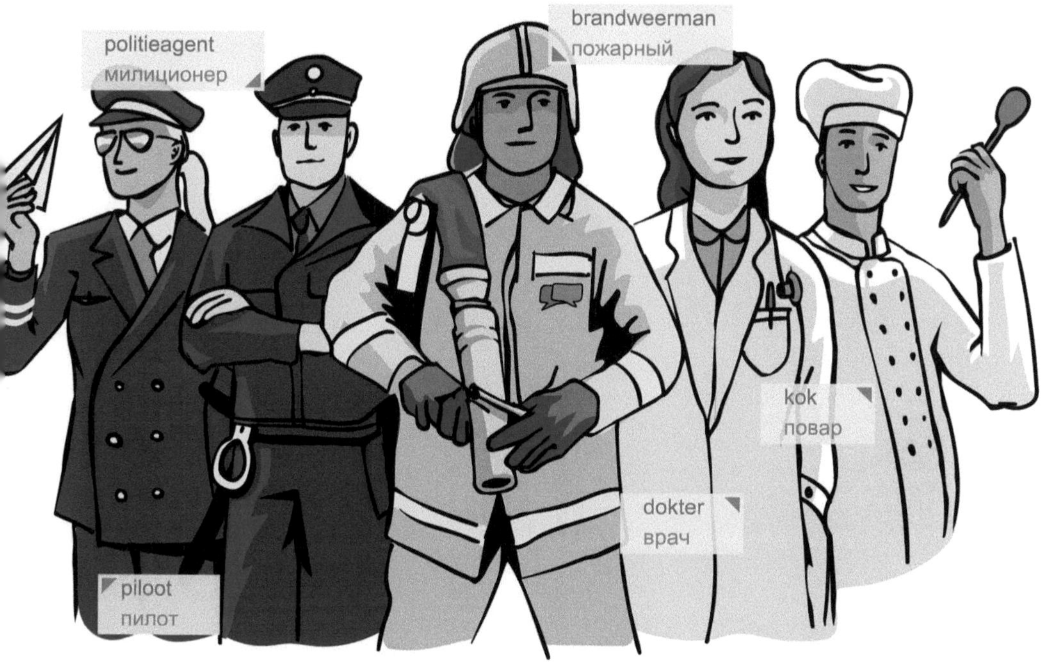
politieagent
милиционер
brandweerman
пожарный
kok
повар
dokter
врач
piloot
пилот

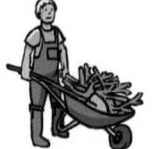

tuinman
садовник

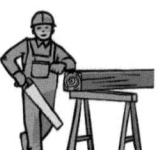

timmerman
столяр

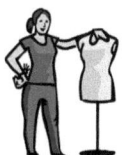

naaister
швея

rechter
судья

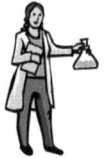

scheikundige
химик

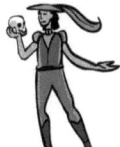

toneelspeler
актёр

buschauffeur

водитель автобуса

taxichauffeur

таксист

visser

рыбак

schoonmaakster

уборщица

dakdekker

кровельщик

ober

официант

jager

охотник

schilder

художник

bakker

пекарь

elektricien

электрик

bouwvakker

строитель

ingenieur

инженер

slager

мясник

loodgieter

сантехник

postbode

почтальон

soldaat

солдат

architect

архитектор

kassier

кассир

bloemist

флорист

kapper

парикмахер

conducteur

кондуктор

monteur

механик

kapitein

капитан

tandarts

зубной врач

wetenschapper

ученый

rabbi

раввин

imam

имам

monnik

монах

pastoor

священник

gereedschap
инструменты

hamer
молоток
tang
плоскогубцы
schroevendraaier
отвёртка
moersleutel
гаечный ключ
zaklamp
карманный фо

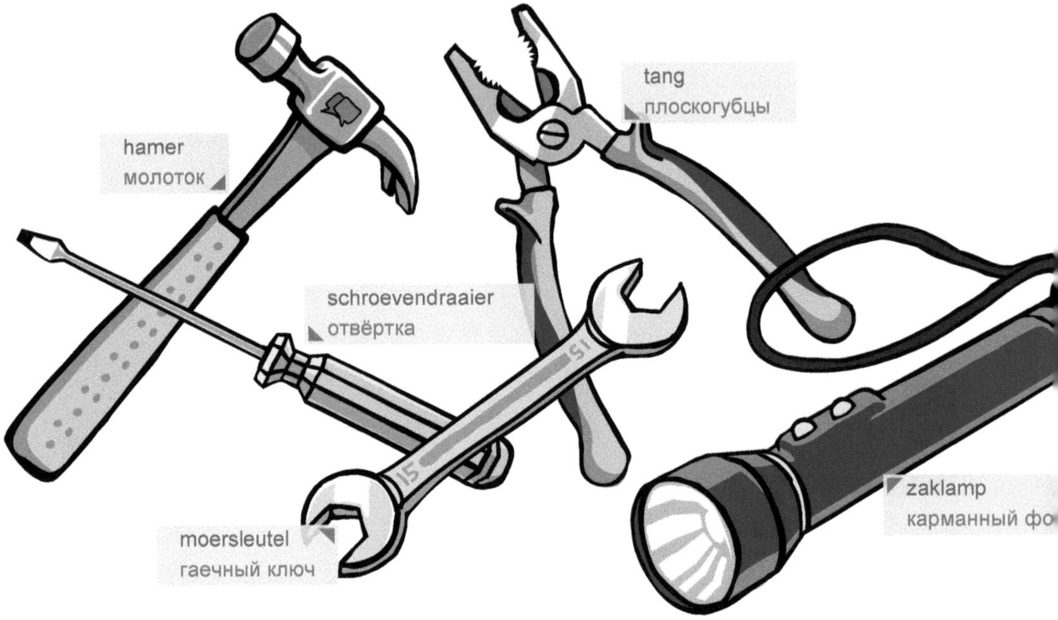

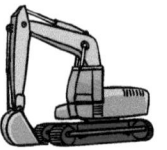

graafmachine

экскаватор

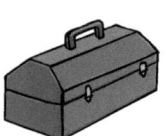

gereedschapskist

ящик для инструментов

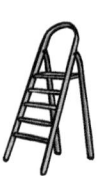

ladder

стремянка

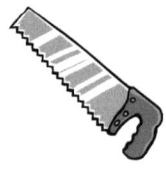

zaag

пила

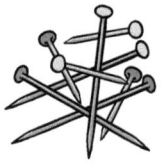

spijkers

гвозди

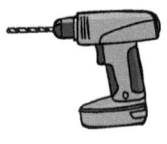

boor

дрель

repareren

ремонтировать

stofblik

совок

schep

лопата

verfpot

ведро с краской

Verdorie!

Блин!

schroeven

винты

muziekinstrumenten
музыкальные инструменты

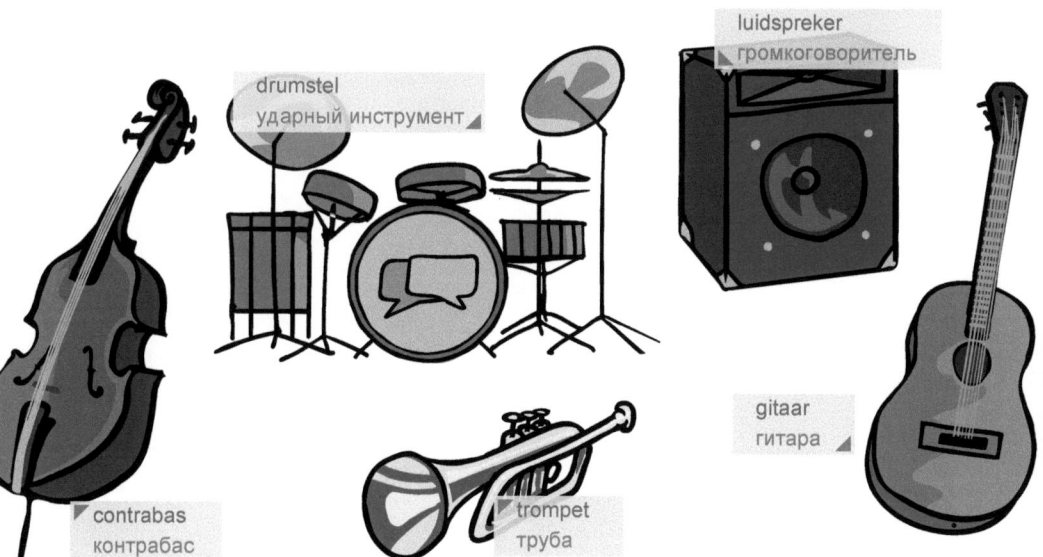

luidspreker
громкоговоритель

drumstel
ударный инструмент

gitaar
гитара

contrabas
контрабас

trompet
труба

piano

пианино

viool

скрипка

bas

бас-гитара

pauk

литавры

trommel

барабан

keyboard

синтезатор

saxofoon

саксофон

fluit

флейта

microfoon

микрофон

dierentuin

зоопарк

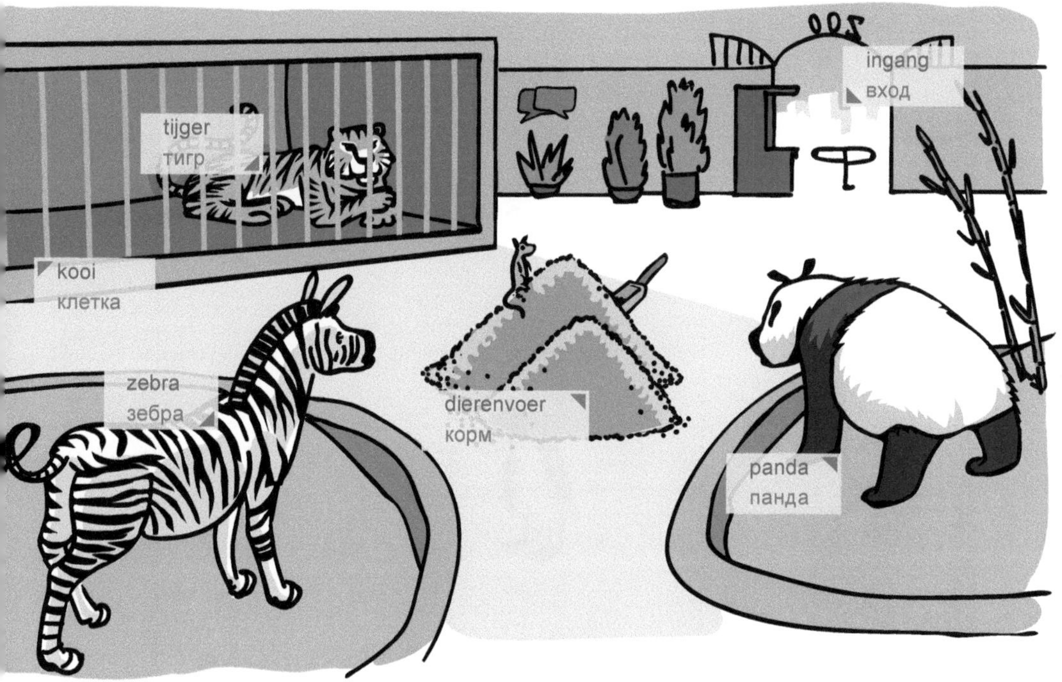

zoo
ingang
вход
tijger
тигр
kooi
клетка
zebra
зебра
dierenvoer
корм
panda
панда

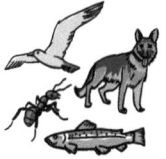

dieren
животные

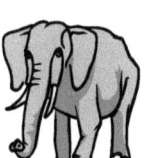

olifant
слон

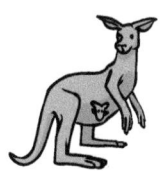

kangoeroe
кенгуру

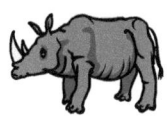

neushoorn
носорог

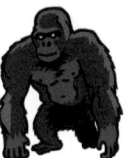

gorilla
горилла

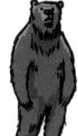

beer
медведь

kameel

верблюд

struisvogel

страус

leeuw

лев

aap

обезьяна

flamingo

фламинго

papegaai

попугай

ijsbeer

белый медведь

pinguïn

пингвин

haai

акула

pauw

павлин

slang

змея

krokodil

крокодил

dierenverzorger

служитель зоопарка

zeehond

тюлень

jaguar

ягуар

pony

пони

luipaard

леопард

nijlpaard

бегемот

giraffe

жираф

adelaar

орёл

wild zwijn

кабан

vis

рыба

schildpad

черепаха

walrus

морж

vos

лиса

gazelle

газель

American football
американский футбол

wielrennen
езда на велосипеде

tennis
теннис

basketbal
баскетбол

zwemmen
плавание

ijshockey
хоккей

boksen
бокс

voetbal
футбол

badminton
бадминтон

atletiek
лёгкая атлетика

handbal
гандбол

skiën
лыжный спорт

polo
поло

activiteiten

действия

lachen
смеяться
springen
прыгать
knuffelen
обнимать
lopen
идти
zingen
петь
dromen
мечтать
bidden
молиться
kussen
целовать

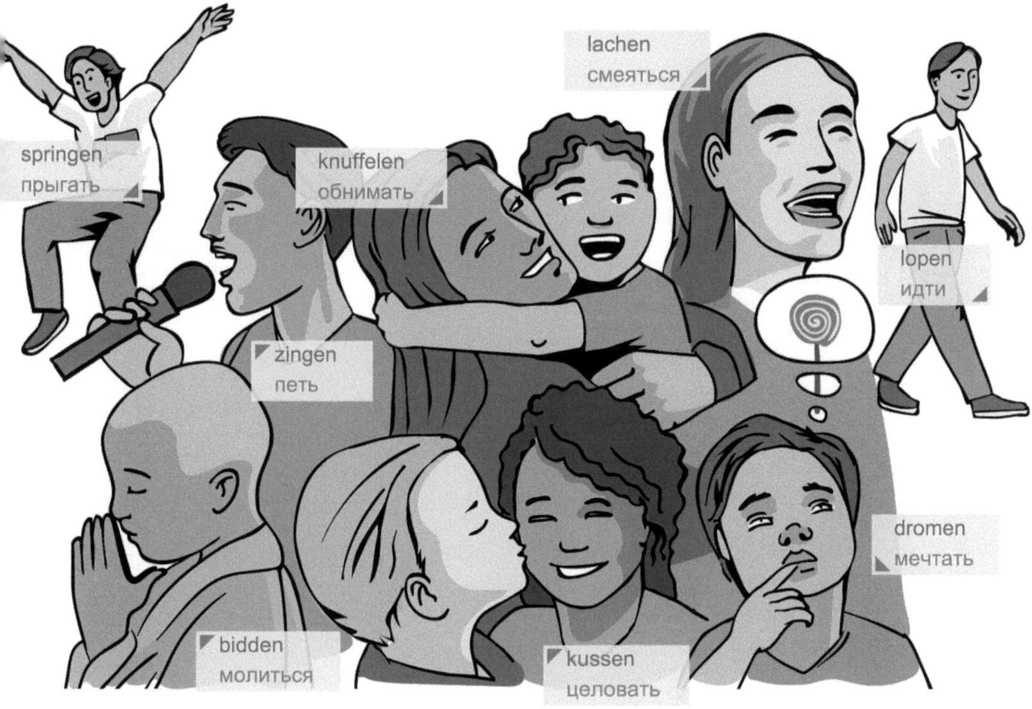

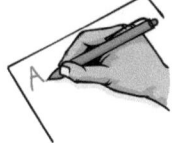

schrijven

писать

tekenen

рисовать

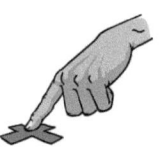

tonen

показывать

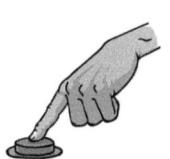

duwen

нажимать

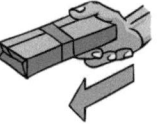

geven

давать

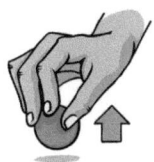

oppakken

брать

hebben

иметь

doen

делать

zijn

быть

staan

стоять

rennen

бежать

trekken

тянуть

gooien

бросать

vallen

падать

liggen

лежать

wachten

ждать

dragen

носить

zitten

сидеть

aankleden

надевать

slapen

спать

wakker worden

просыпаться

bekijken

рассматривать

huilen

плакать

strelen

гладить

kammen

причесывать

praten

говорить

begrijpen

понимать

vragen

спрашивать

horen

слушать

drinken

пить

eten

кушать

opruimen

наводить порядок

houden van

любить

koken

готовить

rijden

ехать

vliegen

летать

zeilen

ходить под парусом

rekenen

считать

lezen

читать

leren

учиться

werken

работать

trouwen

вступать в брак

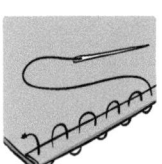

naaien

шить

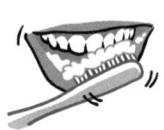

tandenpoetsen

чистить зубы

doden

убивать

roken

курить

verzenden

отправлять

grootmoeder
бабушка

grootvader
дедушка

vader
папа

moeder
мама

baby
младенец

dochter
дочь

zoon
сын

gast

гость

tante

тетя

oom

дядя

broer

брат

zus

сестра

lichaam

тело

voorhoofd
лоб
oog
глаз
schouder
плечо
vinger
палец
gezicht
лицо
kin
подбородок
hand
кисть
been
нога
borst
грудь
arm
рука

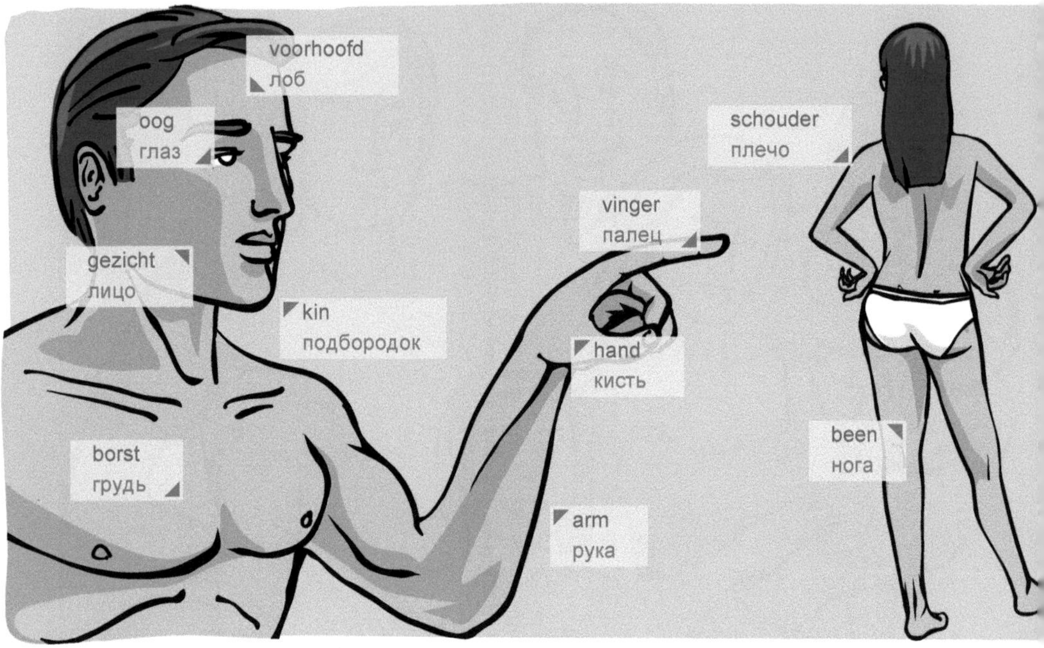

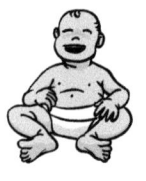

baby

младенец

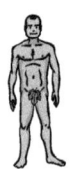

man

мужчина

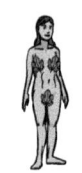

vrouw

женщина

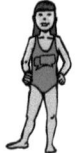

meisje

девочка

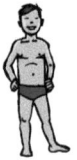

jongen

мальчик

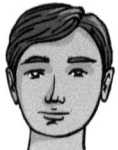

hoofd

голова

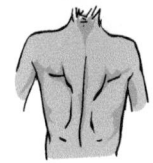

rug

спина

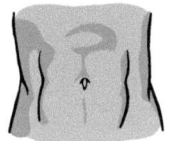

buik

живот

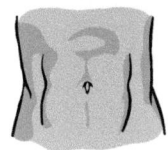

navel

пупок

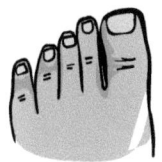

teen

палец ноги

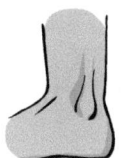

hiel

пятка

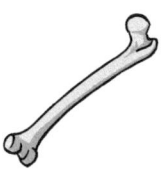

bot

кость

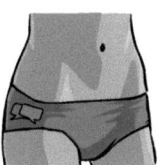

heup

бедро

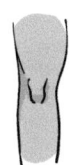

knie

колено

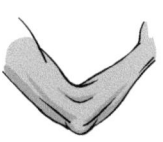

elleboog

локоть

neus

нос

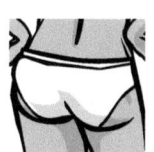

achterwerk

ягодицы

huid

кожа

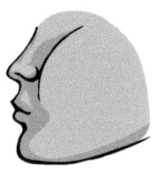

wang

щека

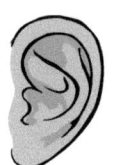

oor

ухо

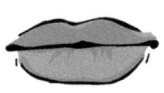

lippen

губа

mond
рот

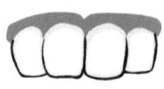

tand
зуб

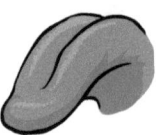

tong
язык

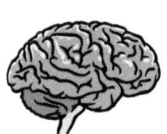

hersenen
мозг

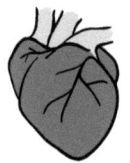

hart
сердце

spier
мышца

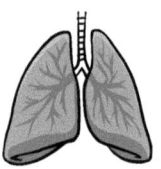

long
лёгкое

lever
печень

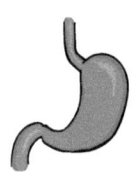

maag
желудок

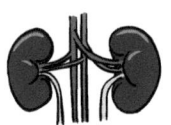

nieren
почки

geslachtsgemeenschap
половой акт

condoom
презерватив

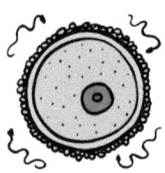

eicel
яйцеклетка

sperma
сперма

zwangerschap
беременность

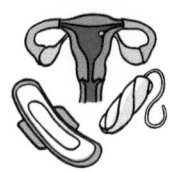

menstruatie

менструация

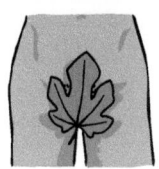

vagina

вагина

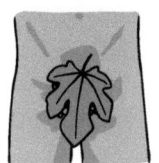

penis

пенис

wenkbrauw

бровь

haar

волосы

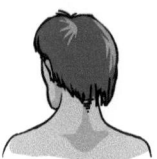

hals

шея

ziekenhuis
больница

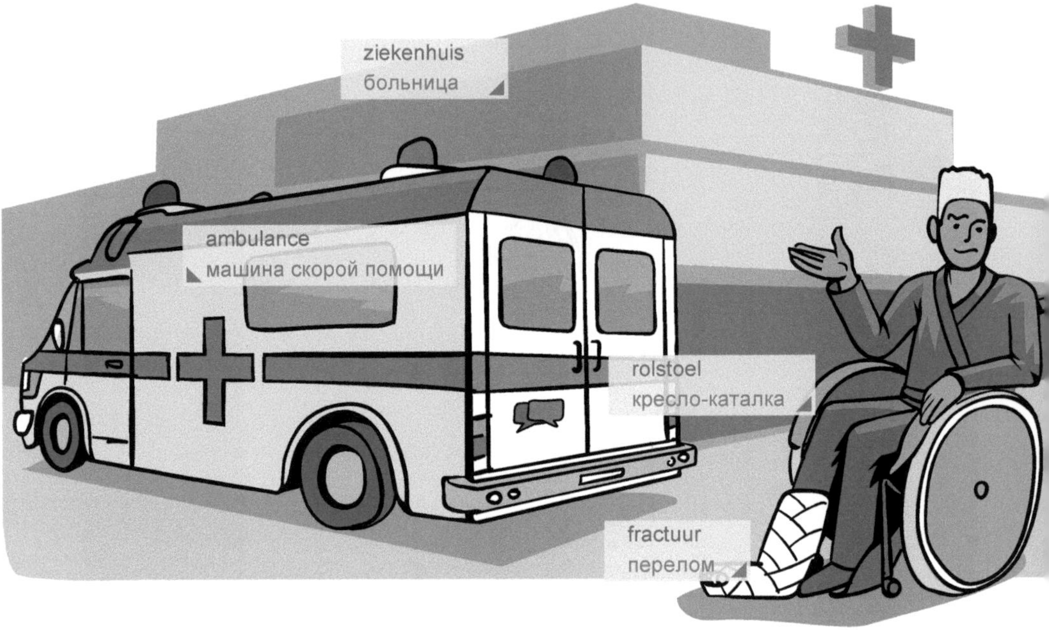

ziekenhuis
больница
ambulance
машина скорой помощи
rolstoel
кресло-каталка
fractuur
перелом

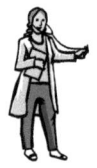

dokter

врач

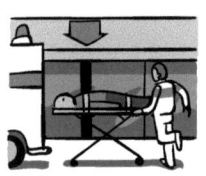

EHBO

пункт первой помощи

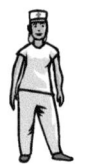

verpleegster

медсестра

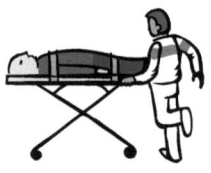

noodgeval

неотложный случай

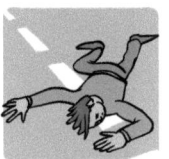

bewusteloos

без сознания

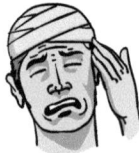

pijn

боль

verwonding

повреждение

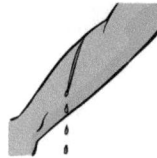

bloeding

кровотечение

hartaanval

инфаркт

beroerte

инсульт

allergie

аллергия

hoest

кашель

koorts

овышенная температура

griep

грипп

diarree

понос

hoofdpijn

головная боль

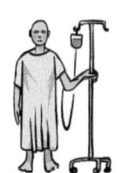

kanker

рак

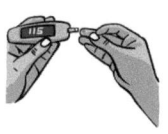

diabetes

диабет

chirurg

хирург

scalpel

скальпель

operatie

операция

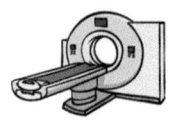

CT
КТ

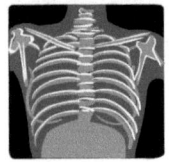

röntgen
рентген

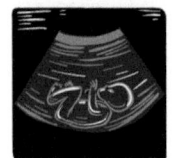

echografie
ультразвук

gezichtsmasker
маска

ziekte
болезнь

wachtkamer
приёмная

kruk
костыль

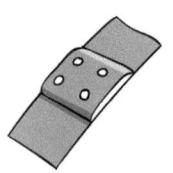

pleister
пластырь

verband
бинт

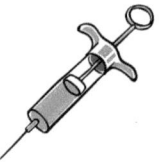

injectie
укол

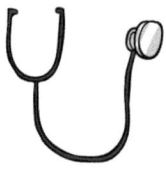

stethoscoop
стетоскоп

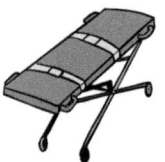

brancard
носилки

thermometer
термометр

geboorte
рождение

overgewicht
избыточный вес

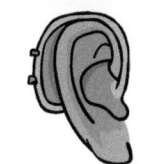

gehoorapparaat

слуховой аппарат

ontsmettingsmiddel

дезинфекционное
средство

infectie

инфекция

virus

вирус

HIV / AIDS

ВИЧ / СПИД

medicijn

лекарство

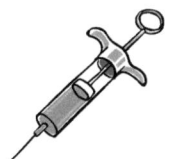

inenting

прививка

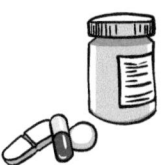

tabletten

таблетки

pil

противозачаточная
таблетка

alarmnummer

экстренный вызов

bloeddrukmeter

прибор для измерения
кровяного давления

ziek / gezond

больной / здоровый

Help!
Помогите!

alarm
сигнал тревоги

overval
нападение

aanval
атака

gevaar
опасность

nooduitgang
запасной выход

Brand!
Пожар!

brandblusser
огнетушитель

ongeluk
несчастный случай

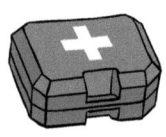

EHBO-koffer
аптечка

SOS
SOS

politie
милиция

Europa

Европа

Noord-Amerika

Северная Америка

Zuid-Amerika

Южная Америка

Afrika

Африка

Azië

Азия

Australië

Австралия

Atlantische Oceaan

Атлантический океан

Stille Oceaan

Тихий океан

Indische Oceaan

Индийский океан

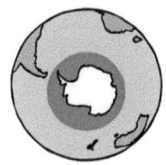

Zuidelijke Oceaan

Антарктический океан

Noordelijke IJszee

Северный Ледовитый
океан

Noordpool

Северный полюс

Zuidpool

Южный полюс

Antarctica

Антарктика

aarde

земля

land

суша

zee

море

eiland

остров

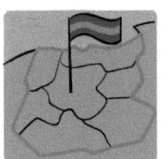

natie

нация

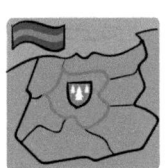

staat

государство

wijzerplaat

циферблат

uurwijzer

часовая стрелка

minutenwijzer

минутная стрелка

secondewijzer

секундная стрелка

Hoe laat is het?

Который час?

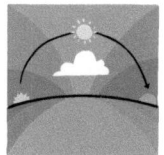

dag

день

tijd

время

nu

сейчас

digitaal horloge

электронные часы

minuut

минута

uur

час

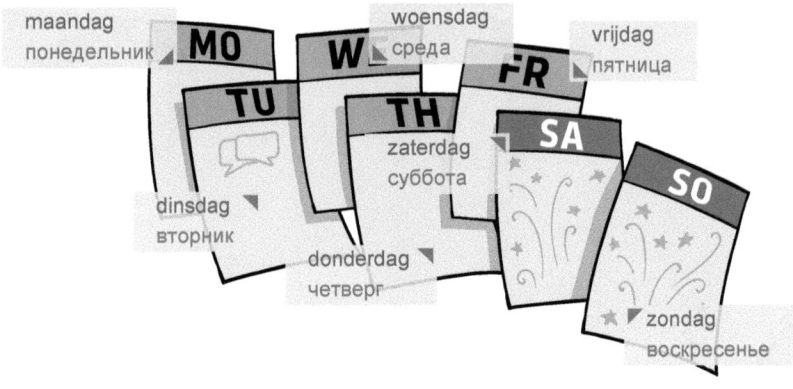

maandag / понедельник
woensdag / среда
vrijdag / пятница
dinsdag / вторник
zaterdag / суббота
donderdag / четверг
zondag / воскресенье

gisteren
....
вчера

vandaag
....
сегодня

morgen
....
завтра

ochtend
....
утро

middag
....
полдень

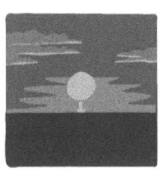

avond
....
вечер

werkdagen
....
рабочие дни

weekend
....
выходные

jaar

год

regen
дождь
regenboog
радуга
wind
ветер
sneeuw
снег
voorjaar
весна
zomer
лето
herfst
осень
winter
зима

4.APRIL 11°
5.APRIL 4°
6.APRIL 13°
7.APRIL 8°
8.APRIL 10°

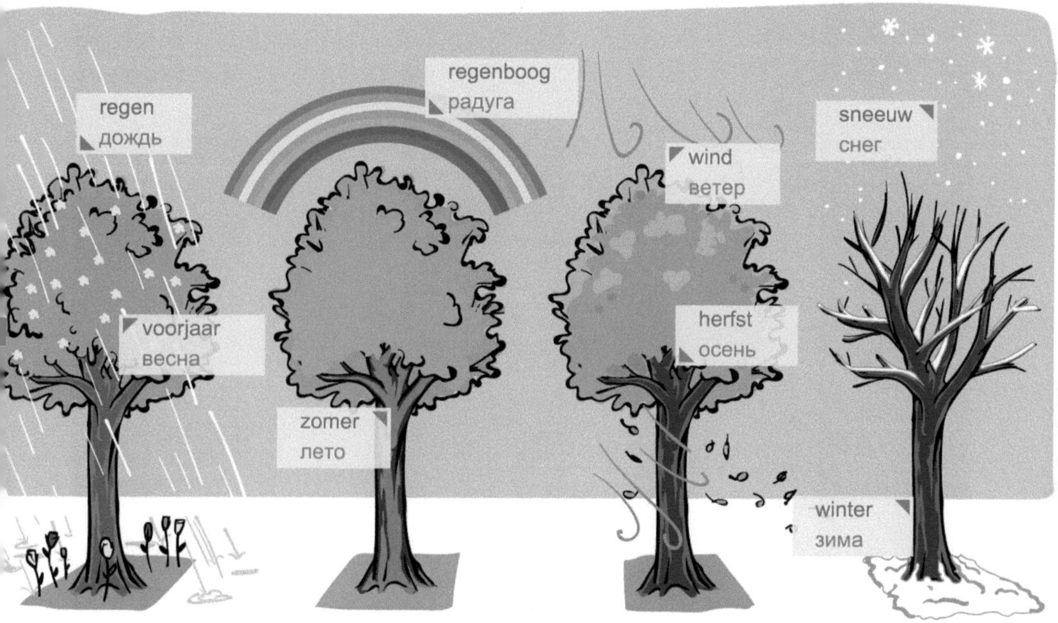

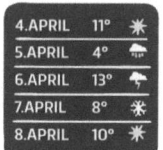

weerbericht

прогноз погоды

F C
120 40
90 30
60 20
30 10
0 0
-30 -10
-20

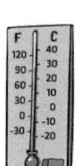

thermometer

термометр

zonneschijn

солнечный свет

wolk

туча

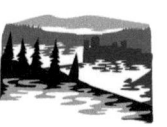

mist

туман

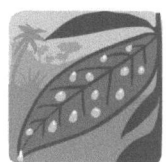

luchtvochtigheid

влажность воздуха

bliksem

молния

donder

гром

storm

буря

hagel

град

moesson

муссон

overstroming

наводнение

ijs

лёд

januari

январь

februari

февраль

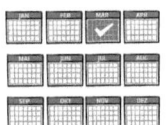

maart

март

april

апрель

mei

май

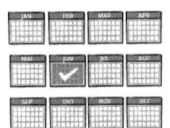

juni

июнь

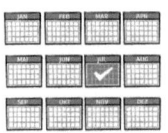

juli

июль

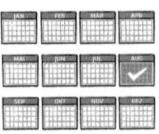

augustus

август

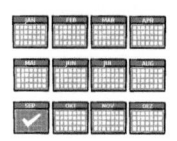

september

сентябрь

oktober

октябрь

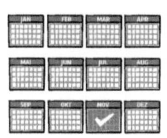

november

ноябрь

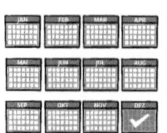

december

декабрь

vormen
формы

cirkel

круг

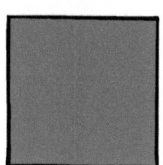

vierkant

квадрат

rechthoek

прямоугольник

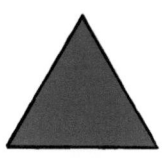

driehoek

треугольник

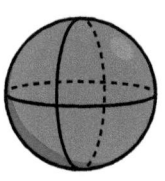

bol

шар

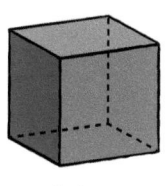

kubus

куб

kleuren

цвета

wit

белый

geel

желтый

oranje

оранжевый

roze

розовый

rood

красный

paars

лиловый

blauw

синий

groen

зелёный

bruin

коричневый

grijs

серый

zwart

черный

veel / weinig

много / мало

boos / rustig

яростный / мирный

mooi / lelijk

красивый / уродливый

begin / einde

начало / конец

groot / klein

большой / маленький

licht / donker

светлый / темный

broer / zus

брат / сестра

schoon / vies

чистый / грязный

volledig / onvolledig

полный / неполный

dag/ nacht

день / ночь

dood / levend

мёртвый / живой

breed / smal

широкий / узкий

eetbaar / oneetbaar

съедобный / несъедобный

gemeen / aardig

злой / дружелюбный

opgewonden / verveeld

взволнованный /
скучающий

dik / dun

толстый / худой

eerste / laatste

сначала / в конце

vriend / vijand

друг / враг

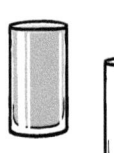

vol / leeg

полный / пустой

hard / zacht

твёрдый / мягкий

zwaar / licht

тяжёлый / легкий

honger / dorst

голод / жажда

ziek / gezond

больной / здоровый

illegaal / legaal

незаконный / законный

intelligent / dom

умный / глупый

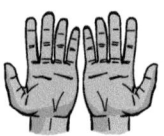

links / rechts

слева / справа

dichtbij / ver

близко / далеко

nieuw / gebruikt

новый / подержанный

niets / iets

ничто / нечто

oud / jong

старый / молодой

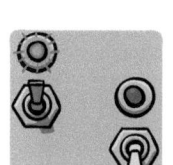

aan / uit

включено / выключено

open / gesloten

открыто / закрыто

zacht / luid

тихо / громко

rijk / arm

богатый / бедный

goed / fout

правильный /
неправильный

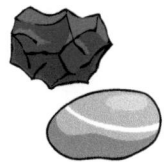

ruw / glad

шероховатый / гладкий

verdrietig / gelukkig

печальный / счастливый

kort / lang

короткий / длинный

langzaam / snel

медленный / быстрый

nat / droog

мокрый / сухой

warm / koel

тёплый / прохладный

oorlog / vrede

война / мир

0

nul

ноль

1

één

один

2

twee

два

3

drie

три

4

vier

четыре

5

vijf

пять

6

zes

шесть

7

zeven

семь

8

acht

восемь

9

negen

девять

10

tien

десять

11

elf

одиннадцать

12
twaalf

двенадцать

13
dertien

тринадцать

14
veertien

четырнадцать

15
vijftien

пятнадцать

16
zestien

шестнадцать

17
zeventien

семнадцать

18
achttien

восемнадцать

19
negentien

девятнадцать

20
twintig

двадцать

100
honderd

сто

1.000
duizend

тысяча

1.000.000
miljoen

миллион

Engels

английский

Amerikaans Engels

американский английский

Chinees Mandarijn

мандаринский китайский

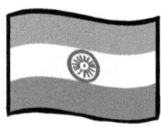

Hindi

хинди

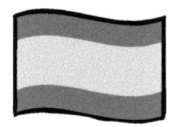

Spaans

испанский

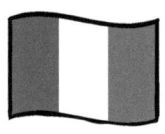

Frans

французский

Arabisch

арабский

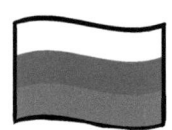

Russisch

русский

Portugees

португальский

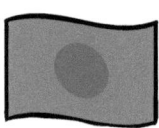

Bengalees

бенгальский

Duits

немецкий

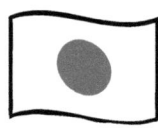

Japans

японский

ik

я

jij

ты

hij / zij / het

он / она / оно

wij

мы

jullie

вы

zij

они

wie?

кто?

wat?

что?

hoe?

как?

waar?

где?

wanneer?

когда?

naam

имя

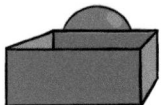

achter

за

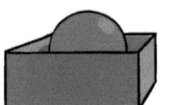

in

в

voor

перед

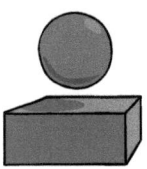

boven

над

op

на

onder

под

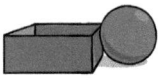

naast

рядом

tussen

между

plaats

место